DATE DUE			

I Like to Visit/Me gusta visitar

The Shopping Mall/ El centro comercial

Jacqueline Laks Gorman

Reading consultant/Consultora de lectura:
Susan Nations, M. Ed.,
author, literacy coach, consultant/
autora, tutora de alfabetización, consultora

WR WEEKLY READER
EARLY LEARNING LIBRARY

SP
381
GOR
C-1
10.46

Please visit our web site at: www.garethstevens.com
For a free color catalog describing Weekly Reader® Early Learning Library's list
of high-quality books, call 1-877-445-5824 (USA) or 1-800-387-3178 (Canada).
Weekly Reader® Early Learning Library's fax: (414) 336-0164.

Library of Congress Cataloging-in-Publication Data available upon request from publisher.
Fax (414) 336-0157 for the attention of the Publishing Records Department.

ISBN 0-8368-4599-4 (lib. bdg.)
ISBN 0-8368-4606-0 (softcover)

This edition first published in 2005 by
Weekly Reader® Early Learning Library
A Member of the WRC Media Family of Companies
330 West Olive Street, Suite 100
Milwaukee, WI 53212 USA

Copyright © 2005 by Weekly Reader® Early Learning Library

Art direction: Tammy West
Editor: JoAnn Early Macken
Cover design and page layout: Kami Strunsee
Picture research: Diane Laska-Swanke
Translators: Tatiana Acosta and Guillermo Gutiérrez

Picture credits: Cover, pp. 5, 7, 9, 11, 13, 15, 17, 19, 21 Gregg Andersen

Printed in the United States of America

2 3 4 5 6 7 8 9 10 09 08 07 06

Note to Educators and Parents

Reading is such an exciting adventure for young children! They are beginning to integrate their oral language skills with written language. To encourage children along the path to early literacy, books must be colorful, engaging, and interesting; they should invite the young reader to explore both the print and the pictures.

I Like to Visit is a new series designed to help children read about familiar and exciting places. Each book explores a different place that kids like to visit and describes what a visitor can see and do there.

Each book is specially designed to support the young reader in the reading process. The familiar topics are appealing to young children and invite them to read — and re-read — again and again. The full-color photographs and enhanced text further support the student during the reading process.

In addition to serving as wonderful picture books in schools, libraries, homes, and other places where children learn to love reading, these books are specifically intended to be read within an instructional guided reading group. This small group setting allows beginning readers to work with a fluent adult model as they make meaning from the text. After children develop fluency with the text and content, the book can be read independently. Children and adults alike will find these books supportive, engaging, and fun!

— **Susan Nations, M.Ed., author/literacy coach/reading consultant**

Nota para los educadores y los padres

¡Leer es una aventura tan emocionante para los niños pequeños! A esta edad están comenzando a integrar su manejo del lenguaje oral con el lenguaje escrito. Para animar a los niños en el camino de la lectura incipiente, los libros deben ser coloridos, estimulantes e interesantes; deben invitar a los jóvenes lectores a explorar la letra impresa y las ilustraciones.

Me gusta visitar es una nueva colección diseñada para que los niños lean textos sobre lugares familiares y emocionantes. Cada libro explora un lugar diferente que a los niños les gustaría visitar, y describe lo que se puede ver y hacer en cada sitio.

Cada libro está especialmente diseñado para ayudar a los jóvenes lectores en el proceso de lectura. Los temas familiares llaman la atención de los niños y los invitan a leer —y releer— una y otra vez. Las fotografías a todo color y el tamaño de la letra ayudan aún más al estudiante en el proceso de lectura.

Además de servir como maravillosos libros ilustrados en escuelas, bibliotecas, hogares y otros lugares donde los niños aprenden a amar la lectura, estos libros han sido especialmente concebidos para ser leídos en un grupo de lectura guiada. Este contexto permite que los lectores incipientes trabajen con un adulto que domina la lectura mientras van determinando el significado del texto. Una vez que los niños dominan el texto y el contenido, el libro puede ser leído de manera independiente. ¡Estos libros les resultarán útiles, estimulantes y divertidos a niños y a adultos por igual!

— **Susan Nations, M.Ed., autora/tutora de alfabetización/consultora de desarrollo de la lectura**

I like to visit the shopping mall. I like to visit the stores. I like to go shopping with my family.

- - - - - - -

Me gusta visitar el centro comercial. Me gusta entrar a las tiendas. Me gusta ir de compras con mi familia.

Here is a map of the mall. The map is near the door. I can look at the map. I can find the stores on the map.

– – – – – – – –

Aquí hay un plano del centro comercial. El plano está cerca de la entrada. Puedo mirar el plano. En el plano puedo encontrar dónde están las tiendas.

YOU ARE ON LEVEL 1

I like to ride on the escalator. The stairs move up and down. I can ride upstairs and ride back down.

— — — — — — — —

Me gusta montarme en las escaleras mecánicas. Las escaleras suben y bajan. Puedo montarme en las escaleras para subir y luego bajar.

The mall is big. I can see many stores. I always stay with my family.

- - - - - - - -

El centro comercial es muy grande. Hay muchas tiendas. En el centro comercial, siempre estoy con mi familia.

This store sells art supplies. I like to look at the paints.

— — — — — — — —

Esta tienda vende materiales para pintar. Me gusta ver las pinturas.

This store sells toys. I like to play with the stuffed animals.

Esta tienda vende juguetes. Me gusta jugar con los peluches.

This store sells books. I like to go in and read them.

▬ ▬ ▬ ▬ ▬ ▬ ▬

Esta tienda vende libros. Me gusta entrar y leerlos.

This store sells clothes.

I will try on a hat.

— — — — — — — —

Esta tienda vende ropa.

Me voy a probar una gorra.

Now I am hungry. I like to eat in the food court. I like to eat pizza. What do you like to eat?

- - - - - - - -

Me dio hambre. Quiero comer en los puestos de comida. Me gusta comer pizza. ¿A ti qué te gusta comer?

Glossary

escalator — a set of stairs that keeps moving up or down

map — a drawing of an area that shows where things are found

shopping mall — a group of stores. Some shopping malls are all inside one building. Others are groups of buildings.

Glosario

centro comercial — grupo de tiendas. Algunos centros comerciales están dentro de un edificio; otros están formados por varios edificios.

escalera mecánica — escaleras que se mueven hacia arriba o hacia abajo

plano — dibujo de un área que muestra dónde están las cosas

For More Information/Más información

Books

The Awful Aardvarks Shop for School. Reeve
    Lindbergh (Viking)
I'm Safe! At the Mall. I'm Safe! (series).
    Wendy Gordon (BackYard Books)

Libros

*Grandma and Me at the Flea/Los Meros Meros
    Remateros.* Juan Felipe Herrera (Children's
    Book Press)
*El gusto del mercado mexicano/A Taste of the
    Mexican Market.* Nancy Maria Grande Tabor
    (Charlesbridge)

Web Sites

Brain Pop
*www.brainpop.com/math/problemsolving/com
   paringprices/index.weml?&tried_cookie=true*
Comparing prices

Páginas Web

Mercado del Progreso
www.mercadoprogreso.com/
Música y fotografías de comidia

(23)

Index

Índice

About the Author

Jacqueline Laks Gorman is a writer and editor. She grew up in New York City and began her career working on encyclopedias and other reference books. Since then, she has worked on many different kinds of books and written several children's books. She lives with her husband, David, and children, Colin and Caitlin, in DeKalb, Illinois. They all like to visit many kinds of places.

Información sobre la autora

Jacqueline Laks Gorman trabaja como escritora y editora. Jacqueline creció en la ciudad de Nueva York y comenzó su carrera trabajando en enciclopedias y otros libros de referencia. Desde entonces, ha trabajado en distintos tipos de libros y ha escrito varios libros para niños. Jacqueline vive con su esposo, David, y sus hijos, Colin y Caitlin, en DeKalb, Illinois. A toda la familia le gusta visitar distintos lugares.